Dieses Buch gehört:

. . . .

. . . .

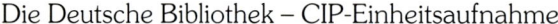

Die Deutsche Bibliothek – CIP-Einheitsaufnahme

Söffker, Marion:
Meine kleine Gartenküche im Sommer /
Marion Söffker. –
Hildesheim : Gerstenberg, 1996
ISBN 3-8067-4909-4
NE: HST

Marion Söffker

Meine kleine
Gartenküche
im
Sommer

Gerstenberg Verlag

Inhalt

elektrisches Rührgerät

Rührbecher

Meßbecher

Glasschüssel
Rohkostreibe

Salatsieb

Topflappen

Schneidebrett

Kochtopf

Pfanne

Pfannenwender

Küchenschere

Zitronen-
presse

Sieb

Messer

Sparschäler

Schöpfkelle

Kochlöffel

Liebe Kinder,

Endlich ist der Sommer da! Die Gärten sind bunt, und überall duftet es nach Blumen, Kräutern und den ersten reifen Früchten. Die warme Sommersonne läßt alle Pflanzen besonders schnell wachsen, und so werden die meisten Obst- und Gemüsesorten in dieser Jahreszeit reif. Es gibt also immerzu etwas zu ernten und zu naschen.

Im Sommer solltest du viel Zeit im Garten und in der freien Natur verbringen. Wie wäre es mit einem Sommerfest im Garten oder auf dem Balkon? Oder was hältst du von einer Radtour mit Picknick auf einer grünen Wiese? Viele Rezepte in diesem Buch (die meisten für 4 Personen) erklären dir, wie du schnell und einfach die leckersten Sommerspeisen zaubern kannst. Sicher hilft dir ein Erwachsener bei den Vorbereitungen. Es macht aber auch viel Spaß, mit deinen Freunden zu ernten, zu kochen und zu backen. Lade sie doch zum Helfen ein! Danach beginnt für euch alle das große Fest oder Picknick...

Viel Spaß

Erdbeeren

Die kleinen Körnchen sind die Samen.

Die Erdbeere ist der erste Vorgeschmack auf den Sommer. Der Urahn aller heutigen Sorten ist die viel kleinere Walderdbeere. Vielleicht hast du sie schon auf Spaziergängen entdeckt. Die vielen winzigen Körnchen auf der Oberfläche der Erdbeere sind die eigentlichen Früchte. Die Erdbeere selbst ist nur eine Scheinfrucht. Erdbeeren schmecken besonders süß, wenn sie an einem Sonnenplatz wachsen. Sie können von Juni bis Oktober geerntet werden. Frisch gepflückt schmecken sie am besten. Spüle sie unter fließendem Wasser ab und entferne die Blätter, bevor du sie ißt.

Blüten

unreife Früchte

Die vertrockneten Blütenblätter fallen ab, die Früchte entwickeln sich.

reife Erdbeeren

Monatserdbeeren

Wer keinen Garten hat, muß nicht auf diese köstlichen Früchte verzichten.

Erdbeeren lassen sich sogar im Blumentopf züchten. Du kannst Samen einsäen oder junge Pflanzen kaufen und in einen Blumentopf einpflanzen. Stelle den Blumentopf an einen sonnigen Platz und vergiß das regelmäßige Gießen nicht. Deine Monatserdbeere wird dann unentwegt blühen, und du kannst den ganzen Sommer längliche, herrlich schmeckende Erdbeeren ernten.

Erdbeermilch

Für 2 Personen

Säubere **250 g Erdbeeren** und zerdrücke sie mit einer Gabel zu Mus. Verquirle das Erdbeermus mit **1/2 l Milch**, **2-3 Eßlöffeln Zucker** oder **Honig** und dem **Saft von 1/2 Zitrone**.

Erdbeereis

Wasche 150g Erdbeeren, entferne die Blätter und zerdrücke sie mit einer Gabel zu Mus.
Gib 250g süße Sahne in eine hohe Rührschüssel und schlage sie mit einem Mixer, bis sie fest ist. Gib 2 Eßlöffel Zucker oder Honig und das Erdbeermus dazu.

Das fertige Eis in Gläser füllen und mit Sahne, Früchten oder Schokostreuseln garnieren.

Erdbeermarmelade

Die Blätter abzupfen oder mit einem spitzen Messer vorsichtig herausschneiden.

halbieren

Mus zerdrücken. Gib das Erdbeermus in einen großen Topf und füge den Gelierzucker hinzu. Auf dem Herd bringst du alles zum Kochen und rührst dabei öfter um. Lasse die Marmelade vier Minuten kochen und fülle sie heiß in sehr saubere Schraubgläser.

Bei **1 kg Erdbeeren** benötigst du **1 kg Gelierzucker**. Du mußt die Erdbeeren waschen und sorgfältig von Blättern und Stielen befreien, halbieren und mit einer Gabel zu

Die Gläser vorher gut ausspülen.

Verschließe die Gläser sofort und beklebe sie mit hübschen Schildern.
Statt Erdbeeren kannst du Johannisbeeren, Kirschen oder Himbeeren nehmen. Auch eine Mischung verschiedener Früchte schmeckt lecker.

Paprika

Die Paprikaschote hat viele Kerne.

Paprikastreifen

Gemüsepaprika

Gemüsepaprika schmeckt roh im Salat und auf Butterbrot. Du kannst sie aber auch kochen. Da die Paprika innen hohl ist, wird sie gern mit Hackfleisch oder gekochtem Reis gefüllt und gedünstet oder gebacken. Du kannst sie auch roh mit einem Kräuterquark füllen. Paprika ist sehr gesund, weil sie einen hohen Gehalt an Vitamin C hat.

Paprikaschoten sind zuerst grün und färben sich dann je nach Sorte gelb oder rot. Manche bleiben auch grün. Paprika haben aber ein starkes Aroma und lassen sich getrocknet gut als Gewürz verwenden. Man unterscheidet zwischen Gemüsepaprika und der kleinen scharfen Gewürzpaprika (Peperoni).

Paprikaschiffe

Schneide eine Paprikaschote in breite Streifen. Stecke auf mehrere Spieße oder Zahnstocher Weintrauben, Radieschen, Käse- oder Wurststücke. Als Segel kannst du ein kleines Salatblatt oder eine Käsescheibe verwenden.

Holzspieß
Fähnchen
Käsescheibe
Radieschen
Käserwürfel
Petersilie
Paprika

Mit selbstgemalten Fähnchen verzieren.

10

Gemüsepaprika im Topf

Blüten

Ich brauche:
viel Licht
viel Wasser
Schutz vor
Wind

Du kannst Paprika-
pflanzen aus den Samen
einer reifen Paprika zie-
hen. Die Kerne müssen
vor dem Einpflanzen einige Tage
getrocknet werden. Ab Mai kannst du auch
beim Gärtner kleine Paprikapflanzen kaufen.
Sie brauchen einen sonnigen, windgeschützten
Platz im Garten oder auf dem Balkon.
Damit sich die Früchte gut entwickeln, kneifst
du die unteren Blüten am Stiel immer wieder
ab. Den ganzen Sommer über bringen die
Pflanzen Blüten hervor und tragen gleichzeitig
Früchte. Manchmal hängen sie so voll, daß sie
Stützen brauchen. Damit die anderen Früchte
nicht leiden, solltest du die reifen Paprika-
schoten nicht abpflücken, sondern mit der
Schere abschneiden.

Nur die Wurzeln
bewässern, nicht
die Pflanze.

Ein köstlicher
italienischer
Paprikaeintopf

Peperonata

Wasche **6 Paprikaschoten** (bunt gemischt),
entkerne sie und schneide sie in Streifen.
Wasche **500 g Tomaten** und schneide sie
in Stücke. Schäle **1 Zwiebel** und schneide sie klein. Erhitze **3 Eßlöffel Öl** in
einem Topf und gib die Zwiebel und **1
ausgedrückte Knoblauchzehe** hinein. Schmore beides etwas an. Füge die
Paprikastreifen und die Tomatenstücke
hinzu. Lasse alles etwa 40 Minuten bei
mittlerer Hitze garen. Würze mit **Salz, Pfeffer**
und **1 Eßlöffel gehackter Petersilie**.
Dazu schmecken gekochte Kartoffeln, Reis
oder knuspriges Brot.

Das Stielende abschneiden,
die weißen Teile entfernen,
dann die Kerne unter
fließendem Wasser heraus-
spülen.

Kalt oder warm essen.

Paprikaringe schmecken auf Butterbrot.

Schlangengurke

Gurken

Salatgurke

Gurken gehören zu den Kürbisgewächsen. Die längliche Salatgurke ißt man roh. Sie gehört zu den erfrischendsten Gemüsesorten. Die kleinen, dicken Schmorgurken werden geschält, entkernt und gedünstet oder geschmort.

Schmorgurke

Einlegegurken sind klein und mit rippeliger Haut oder riesig, grün und gelb. Sie werden als Essiggurken in Gläsern eingelegt. Man gibt reichlich Gewürze dazu, sie werden deshalb auch Gewürzgurken genannt.

Salzgurke

Gewürzgurke

Du kannst Gurken in einem großen Topf auf dem Balkon ziehen, oder du säst sie in ein Beet ein. An einem Spalier wachsen sie besonders gut.

Blüten

Salatsoße:
150g Vollmilchjoghurt
1 Teelöffel Zitronensaft
1 Eßlöffel Öl
1 Teelöffel Senf
Salz und Pfeffer
3 Eßlöffel gehackte Kräuter
(Dill, Petersilie oder Minze)

Gurkensalat

Für 2 Personen

Mein Gurkensalat ist schnell fertig.

Die Gurke würfeln...

Verrühre die angegebenen Zutaten in einer großen Schüssel zu einer Salatsoße. Wasche die **Salatgurke** und hobele oder schneide sie in die Schüssel. Vermische alles miteinander. Du kannst auch noch eine ausgedrückte **Knoblauchzehe** dazugeben.

...oder hobeln.

12

Gurken halbieren und aushöhlen.

Gurkenrollen

2 Gurken waschen und halbieren. Höhle die Hälften aus und schneide das Innere in kleine Würfel. Wasche **3 Tomaten** und schneide sie in kleine Würfel. Verrühre **250 g Frischkäse** mit **75 g saurer Sahne**, **2 Eßlöffeln Zitronensaft**, **2 Eßlöffeln kleingehacktem Dill** und den Gurkenwürfeln. Würze mit **Salz** und **Pfeffer**. Fülle die ausgehöhlten Gurkenhälften mit der Masse und lasse sie im Kühlschrank etwas durchkühlen. Dann schneidest du die Gurkenhälften in 5 cm breite Scheiben.

Dazu schmeckt Butterbrot.

Mit Dill garnieren.

Gurken aus eigener Ernte

Gurken zu ziehen ist nicht schwierig. Für eine frühe Ernte kannst du Gurkensamen auf der Fensterbank vorziehen. Ab Mitte Mai, wenn keine Frostgefahr mehr besteht, pflanzt du sie draußen ein. Sie gedeihen am besten an einem erhöhten Standort, einem kleinen Erdhügel oder auf dem Komposthaufen. Wenn du sie ab Mitte Mai gleich draußen aussäst, häufele mit dem Spaten einen kleinen Erdwall für die Samen an. Stecke im Abstand von 30 cm je 3 Samen in die Erde. Wenn die Pflanzen 3-4 Blätter haben, zupfst du die schwächsten Pflanzen heraus. Halte die Pflanzen immer gut feucht und gib ihnen einmal in der Woche mit dem Gießwasser etwas Dünger. Ernten kannst du, wenn die Gurken etwa 25 cm lang sind.

Ein Miniatur-Treibhaus: Stülpe ein Marmeladenglas über die junge Pflanze, um sie warm zu halten.

Mit lauwarmem Wasser gießen.

Sommertip

Lege dir die Schale einer Salatgurke auf das Gesicht. Das ist erfrischend kühl bei großer Hitze.

13

Himbeeren

Die Himbeere ist eine alte Kulturpflanze, die vor allem auf der nördlichen Halbkugel der Erde wächst. Du kannst sie auch heute noch wild wachsend in unseren Wäldern finden. Getrocknete Himbeerblätter ergeben die Grundlage für einen aromatischen Haustee. Leider wissen auch Maden, daß Himbeeren gut schmecken. Deshalb nisten sie sich gerne im Innern der Frucht ein. In größeren Töpfen oder Kübeln können auf einem Balkon sogar Beerensträucher wachsen: Johannisbeeren und auch immertragende Himbeeren. Regelmäßiges Gießen und eine nähr-stoffreiche, gut aufgelockerte Erde sind wichtig für eine reiche Ernte. Dünge möglichst alle zwei Wochen. Johannisbeeren gibt es auch als Hochstämmchen. Sie sehen wie ein kleiner Baum aus.

Heiße Himbeeren

Wasche **500 g Himbeeren**. Lege einige zum Garnieren zur Seite. Streiche die Hälfte der Himbeeren durch ein Sieb. Gib die Himbeeren mit **⅛ l Wasser** in einen Topf, bringe alles zum Kochen und rühre **75 g Zucker** unter. Stelle die Temperatur etwas herunter und lasse alles 5 Minuten kochen. Gieße die Himbeeren noch heiß auf Grießbrei oder Vanilleeis.

Grießbrei

Koche **1 l Milch** mit **2 Eßlöffeln Zucker** oder **Honig** auf. Lasse **100 g Grieß** hineinrieseln und rühre mit dem Rührbesen gut um. Koche den Brei nochmals auf (Vorsicht, es könnte spritzen!) und lasse ihn bei niedriger Hitze zugedeckt 10 Minuten quellen. Willst du den Grießbrei auf einen Teller stürzen, mußt du die Form vorher mit kaltem Wasser ausspülen. Fülle den Grießbrei hinein und lasse ihn abkühlen, bevor du ihn stürzt.

Für 1 Person

Himbeermilch

Wasche 100g Himbeeren, gebe sie in eine hohe Rührschüssel und püriere sie mit einem Mixer. Gebe 1 Eßlöffel Zucker oder Honig, 150 g Joghurt und 1/4 Liter Milch dazu.

14

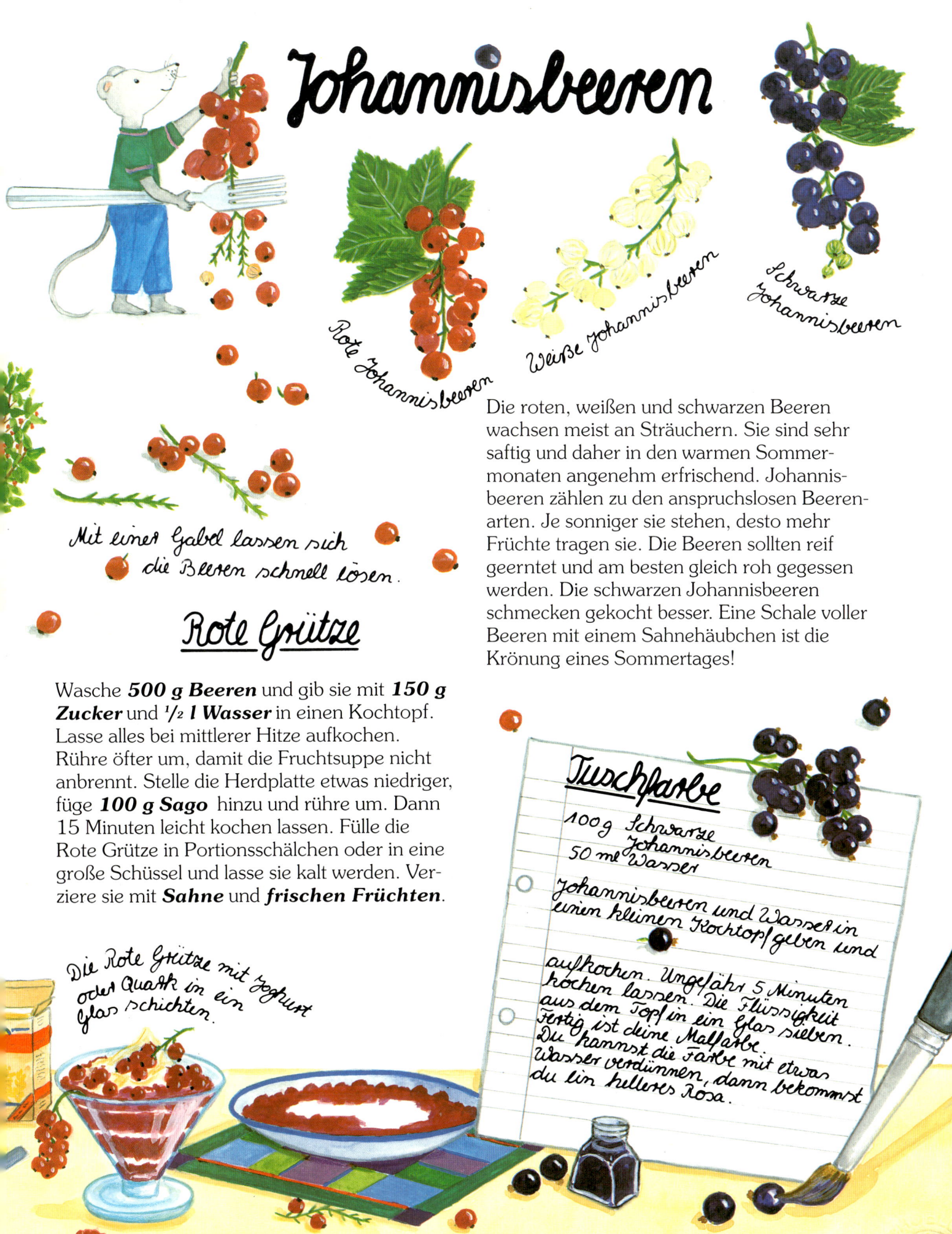

Johannisbeeren

Rote Johannisbeeren

Weiße Johannisbeeren

Schwarze Johannisbeeren

Mit einer Gabel lassen sich die Beeren schnell lösen.

Die roten, weißen und schwarzen Beeren wachsen meist an Sträuchern. Sie sind sehr saftig und daher in den warmen Sommermonaten angenehm erfrischend. Johannisbeeren zählen zu den anspruchslosen Beerenarten. Je sonniger sie stehen, desto mehr Früchte tragen sie. Die Beeren sollten reif geerntet und am besten gleich roh gegessen werden. Die schwarzen Johannisbeeren schmecken gekocht besser. Eine Schale voller Beeren mit einem Sahnehäubchen ist die Krönung eines Sommertages!

Rote Grütze

Wasche **500 g Beeren** und gib sie mit **150 g Zucker** und **½ l Wasser** in einen Kochtopf. Lasse alles bei mittlerer Hitze aufkochen. Rühre öfter um, damit die Fruchtsuppe nicht anbrennt. Stelle die Herdplatte etwas niedriger, füge **100 g Sago** hinzu und rühre um. Dann 15 Minuten leicht kochen lassen. Fülle die Rote Grütze in Portionsschälchen oder in eine große Schüssel und lasse sie kalt werden. Verziere sie mit **Sahne** und **frischen Früchten**.

Die Rote Grütze mit Joghurt oder Quark in ein Glas schichten.

Tuschfarbe

100 g Schwarze Johannisbeeren
50 ml Wasser

Johannisbeeren und Wasser in einen kleinen Kochtopf geben und aufkochen. Ungefähr 5 Minuten kochen lassen. Die Flüssigkeit aus dem Topf in ein Glas sieben. Fertig ist deine Malfarbe. Du kannst die Farbe mit etwas Wasser verdünnen, dann bekommst du ein helleres Rosa.

Eichblattsalat

Salate

Es gibt verschiedene Salat-
sorten: Kopf-, Binde-,Schnitt-
und Pflücksalat. Ein Salatkopf
besteht aus vielen Blättern, die
sich leicht auseinanderziehen lassen. Die äuße-
ren Blätter sind groß und fest, die inneren zart
und gelblich. Salat ist sehr gesund, weil er
viele Vitamine enthält.
Salatblätter mußt du unter fließendem
Wasser waschen, damit Sand und
Insekten herausgespült werden.
Schwenke ihn dann vorsichtig im
Sieb aus. Auch Schnecken lieben
deinen Salat. Sammele sie immer
wieder ab und setze sie auf einer
Wiese aus. Du kannst auch eine
„Schneckenbarriere" aus Steinmehl
oder Holzasche um die Salatpflanzen
streuen.

Römischer Salat

Kopfsalat

Eisbergsalat

Friséesalat

Salatblätter
gut
abtropfen
lassen.

Salatstange

Für 2 Personen

Schneide ein kleines **Stangen-
weißbrot** einmal quer durch.
Bestreiche es mit **Butter**, streue **Salz**
und **Pfeffer** darauf. Belege es mit **Salat-
blättern**, **Gurken-**, **Tomaten-**, **Ei-** und
Käsescheiben, **Schinken** oder **Salami**.
Lege die obere Hälfte wieder auf.
Zerteile das Brot in 2 Portionen.

Eine gute Idee für unterwegs.

Bunter Sommersalat

Du brauchst: **1 Salatkopf**, **2 hartgekochte Eier**, **6 Radieschen**, **2 Tomaten**, **1 Salatgurke**, **1 Paprika**, **1 kleine Zwiebel**, **100 g Schafskäse** oder **Gouda**.
Wasche das Gemüse, schneide es klein und mische es in einer Salatschüssel. Verrühre die Zutaten für die Salatsoße und gieße diese darüber.

Essig/Öl Soße
6 Eßlöffel Öl
2 Eßlöffel Essig
1/2 Teelöffel Senf
1/2 Teelöffel Salz
1 Prise Pfeffer
2 Eßlöffel
gehackte
Kräuter

Sahnesoße
200g saure Sahne
1 Eßlöffel Zitronensaft
1 Eßlöffel Öl
1/2 Teelöffel Salz
1 Prise Pfeffer
2 Eßlöffel gehackte
Kräuter

Mit gebackenen Kartoffeln oder Brot wird eine kleine Mahlzeit daraus.

Salat eignet sich auch für Balkonkästen.

Salat selbstgezogen

Du benötigst eine Tüte Salatsamen. Säe Ende März ⅓ des Samens aus. Zwischen den Saatrillen sollten 15 cm Abstand sein. Damit du den ganzen Sommer über Salat ernten kannst, säe alle zwei Wochen bis Juni neuen Samen aus (Folgesaat).

Beim Kopfsalat erntest du die ganze Pflanze, beim Pflücksalat entfernst du Blatt für Blatt und läßt das Mittelstück (Herz) stehen. Dann wachsen neue Blätter nach. Ernte Salat erst kurz vor dem Gebrauch, weil er sehr schnell welkt.

Achtung, wenn du nicht aufpaßt, haben Schnecken deine junge Salatpflanze verspeist.

Pfirsiche

Auch Bienen und Hummeln mögen die rosa Blüten im Frühling.

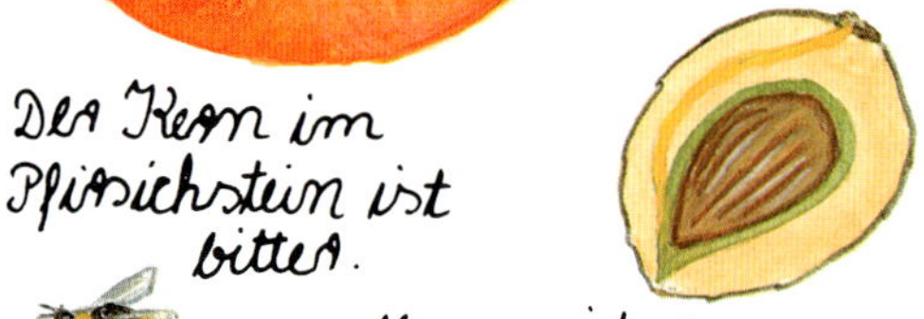

Pfirsiche haben eine samtweiche Haut. Darunter sitzt das saftige Fruchtfleisch und in der Mitte ein dicker Kern. Wirf ihn nicht weg, sondern pflanz ihn ein. Wenn du Glück hast, wird eine hübsche Pflanze daraus. Ein Pfirsichbaum trägt rosa Blüten, aus denen später die Früchte werden. Aber dazu brauchen sie viel Sonne. Je wärmer es ist, desto besser gedeihen sie. Bei uns entwickeln sich nur in geschützten Lagen Früchte.

Der Kern im Pfirsichstein ist bitter.

Ich pflanze jetzt meinen Pfirsichkern ein.

Den Blätterteig auftauen.

ausrollen

Den Blätterteig überklappen.

Pfirsichhälfte

Den Rand festdrücken.

Mit einer Gabel verzieren.

Gefüllte Blätterteigtaschen

Lasse **1 Paket Blätterteig** (**10 Teigblätter**) auftauen. Schäle **5 Pfirsiche**. Das geht leichter, wenn du sie vorher in heißes Wasser tauchst. Halbiere sie und entferne den Stein. Rolle den Blätterteig aus und lege auf jedes Teigstück eine Pfirsichhälfte. Gib **1 Teelöffel Zucker** oder **Honig** darüber. Klappe die Teigblätter zusammen, drücke den Rand fest, lege sie auf ein Backblech und backe sie bei 220 Grad (Gas Stufe 4) 20 Minuten.

18

Bäumchen aus einem Pfirsichkern

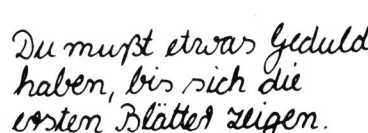

Knacke den Stein vorsichtig mit einem Nußknacker an und lege ihn einen Tag lang in ein Glas mit warmem Wasser. Fülle einen Blumentopf mit Erde und stecke deinen Stein 2-3 cm tief hinein. Begieße die Erde gut, decke den Topf in den ersten Wochen mit einer Pappe ab und stelle ihn an einen warmen Ort. Nach etwa 2 Monaten erscheint die kleine Pflanze. Pflanze das Bäumchen jeden Frühling in einen größeren Topf.

Schleife den Pfirsichstein mit Sandpapier an, dann keimt er besser.

Du mußt etwas Geduld haben, bis sich die ersten Blätter zeigen.

warmes Wasser

Pappe

Prickelnde Pfirsichbowle

Tauche **6 Pfirsiche** in heißes Wasser und schäle sie dann. Schneide die Pfirsiche in Stücke und lege sie in ein großes Bowlengefäß. Gib **2 Flaschen gut gekühlten Pfirsichsaft, 1 Flasche Mineralwasser** und den **Saft von ½ Zitrone** dazu. Alles gut umrühren.
Serviere die Bowle mit einer Schöpfkelle.
Du kannst auch noch Eiswürfel dazugeben.

Für die nächste Sommerparty.

Pfirsichboote

4 Pfirsiche waschen, halbieren und den Stein entfernen. In jede Pfirsichhälfte eine Eiskugel, Schlagsahne oder süßen Quark füllen. Mit Schokostreuseln, Waffeln und Fähnchen verzieren.

Bohnen

Brechbohnen

Wachsbohnen

Saubohnen

So keimt ein Bohnensamen.

2 Keimblätter

Keimling

Samen-hülle

Keim-wurzel

Bohnen wachsen üppig und blühen hübsch. Sie können weiße, rote oder blauviolette Blüten tragen. Es gibt die niedrigwachsenden Buschbohnen und die hochrankenden Stangenbohnen. Bohnen lassen sich auch in einem Blumenkasten ziehen. Säe sie im Freien nicht vor Mitte Mai aus. Vorher kannst du sie jedoch drinnen auf einer Fensterbank im Blumentopf vorziehen.

Blüten

Stangenbohne

Je öfter du die Bohnen pflückst, desto mehr wachsen wieder nach.

Mein Bohnenwigwam

Um einen blühenden Bohnenwigwam zu bekommen, benötigst du 10 Bambusstangen, die etwa 2 m lang sind. Stelle die Stangen in einem Kreis gegeneinander, binde sie oben zusammen und grabe sie etwa 10 cm in die Erde. Lasse eine Öffnung für den Eingang. Um jede Stange steckst du 10 Bohnensamen in die Erde. Die Bohnen mußt du regelmäßig gießen. Schon bald hast du ein dicht gewachsenes Zelt. Die schönen Blüten werden immerzu von Insekten besucht. Im August kannst du sogar Bohnen ernten.

Stangen gegeneinander lehnen, in den Boden drücken, oben festbinden.

20

Bohnenpfanne

Schneide von **750 g Bohnen** Stengel und Stielansatz ab und wasche sie. In reichlich **Salzwasser** läßt du sie etwa 10 Minuten gar kochen.

Schäle **1 Zwiebel** und **500 g Tomaten** und schneide sie in Würfel. Erhitze **2 Eßlöffel Öl** in einer großen Pfanne und gib die Zwiebeln, Tomaten und Bohnen hinein. Schmore sie 10 bis 15 Minuten. Rühre **200 g saure Sahne** hinein und würze mit **Salz** und **Pfeffer**.

Bohnen nie roh essen!

abtropfen lassen

Dazu schmecken Kartoffeln oder Brot.

Bohnensalat

Schneide bei den **Bohnen** Spitzen und Stielansatz ab und wasche sie. Koche sie in reichlich **Salzwasser** in etwa 10 Minuten gar. Schütte sie in ein Sieb und lasse sie abtropfen. Bereite eine Salatsoße aus **6 Eßlöffeln Öl**, **2 Teelöffeln Zitronensaft, 1 Teelöffel Salz, 1 Prise Pfeffer, 2 Eßlöffeln Bohnenkraut** und **1 kleingeschnittenen Zwiebel**. Vermische die Soße mit den noch warmen Bohnen und lasse alles abkühlen. Wasche **1 rote Paprikaschote** und schneide sie in Streifen. Schneide **100 g Schafskäse** in Würfel und mische ihn mit der Paprika unter den Bohnensalat.

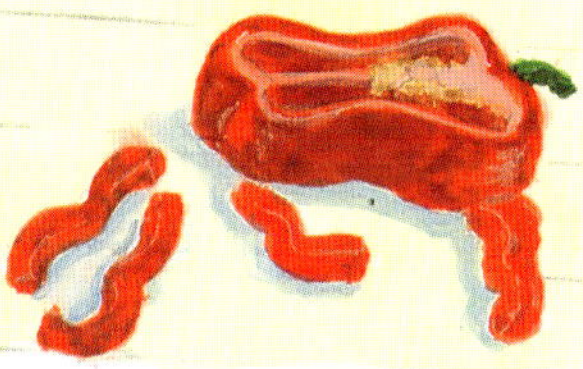

Mit Bohnenkraut kannst du deine Bohnengerichte würzen.

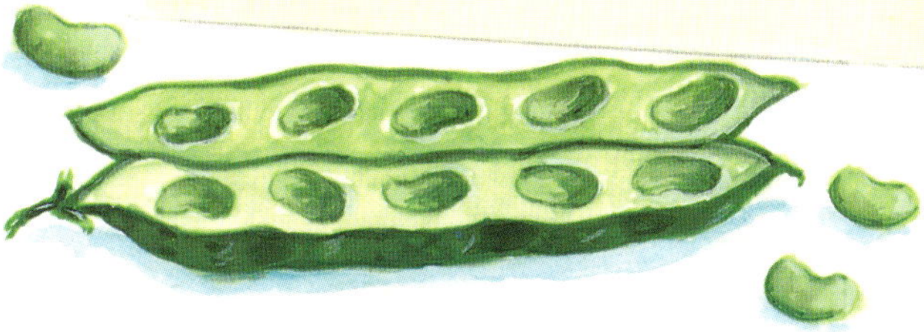

unreife Kirschen

Kirschen

Blüten

Wespe

reife Kirschen

Kirschkern

Biene

Im Frühjahr bilden sich wunderschöne weiße Blüten, aus denen im Juni saftige kleine Steinfrüchte werden. Man nennt sie so, weil sie einen Kern haben. Es gibt süße und säuerliche Kirschen, gelbe, rote und dunkelrote.
Es ist sehr schwierig, aus einem Kirschstein einen Baum zu ziehen. Deshalb besorgt man am besten ein Bäumchen in der Baumschule.

Sogar dann dauert es bis zur richtigen Kirschernte noch einige Jahre. Wenn du Kirschen waschen willst, laß die Stiele dran, sonst verlieren sie ihren Saft.
Damit du beim Essen nicht auf Kerne beißt, müssen Kirschen entsteint werden. Am besten geht das mit einem Kirschentsteiner.

Spieße ein paar Kirschen auf einen Holzspieß.

Kirschbecher

Verrühre 250g Quark mit 3 Eßlöffeln Zucker oder Honig, 2 Eßlöffeln Milch und 200g steifgeschlagener süßer Sahne. Teile die Quarkmasse in 2 Portionen. Rühre unter eine Portion 1 Eßlöffel Kakaopulver. Wasche 250g Kirschen und entsteine sie. Schichte die 2 Quarkportionen und die Kirschen abwechselnd in 4 Glasschälchen. Verziere die Kirschbecher mit Sahne, Kirschen und Schokostreusel.

Kirschtorte

Gib **160 g Butter**, **80 g Zucker**, **250 g Mehl** und **1 Eßlöffel kaltes Wasser** in eine Rührschüssel und verrühre alles miteinander. Fette eine Springform ein und verteile den Teig auf dem Boden. Drücke den Teig am Rand etwas zur Seite hoch. Verteile **1 kg gewaschene** und **entsteinte Kirschen** darauf.

Verrühre **500 g Quark** mit **2 Eiern** und **80 g Zucker** und gib die Masse auf die Kirschen. Backe den Kuchen im vorgeheizten Backofen bei 200 Grad (Gas Stufe 3) 30-40 Minuten.

Mit einem Kirsch-kernentsteiner lassen sich die Kirschen leicht entsteinen.

EINLADUNG zum Kirsch-fest

Kirschkern - Zielspucken

Mit Kirschkernen kann man wunderbar weit- oder zielspucken. Für das Zielspucken bemalst du Blumentöpfe aus Ton mit bunten Mustern, Formen oder Figurenu. Dir fällt sicher einiges ein. Bemal gleich noch ein paar gesäuberte Kirschkerne, die du für die Punktzählung benötigst. Stell dann die Töpfe neben- und hintereinander auf. Von einer markierten Start-linie aus versuch nun, mit deinen Freunden Kirschkerne in die Töp-fe zu spucken. Jeder Treffer zählt einen farbi-gen Kirschkern. Sieger ist, wer am Ende die mei-sten Kirschkerne besitzt.

Wer die meisten bunten Kirschkerne hat, ist: Kirschkernsieger

Bemale mehrere Blumentöpfe mit bunten Mustern.

Kohlrabi

blauer Kohlrabi

weißer Kohlrabi

Weil die dicke Knolle dieser Kohl-
art über der Erde wächst, wird sie
auch Oberknolle genannt. Eigentlich
ist sie nur der verdickte Teil des Sten-
gels. Mit einer Wachsschicht schützt sie sich
vor Raupen, Würmern und zu viel Sonne.
Es gibt blaue und weiße Kohlrabi. Die weißen
Knollen werden etwas schneller reif,
schmecken aber wie die blauen. Kohlrabi darf
nicht zu groß werden. Die Knollen sind dann
weniger zart, manchmal sogar holzig. Frisch
geernteter Kohlrabi schmeckt roh besonders
gut. Du kannst ihn aber auch in Würfel oder
Scheiben schneiden und weich kochen.
Schneide die Kohlrabiblätter klein und koche
sie gleich mit.

Kohlrabi schälen

Frischer Kohlrabi in Scheiben geschnitten, mit Petersilie und Salz bestreut schmeckt köstlich.

Kohlrabi-Möhrentopf

Schäle **2-3 Kohlrabi** und **600 g Möhren**
und schneide sie in Scheiben oder Stifte.
Wasche die **Kohlrabiblätter** und schneide
sie klein. Koche das Gemüse mit $^1/_4$ **l Wasser**,
bis es weich ist (etwa 10 Minuten). Füge $^1/_4$ **l
Sahne** hinzu und würze mit **Salz**, **Pfeffer**
und **1 Prise Muskat**.
Dieses Gericht kannst du auch in eine Auflauf-
form füllen, mit **100 g geriebenem Käse**
bestreuen und etwa 15 Minuten bei 200 Grad
(Gasstufe 3) im Backofen überbacken.

Pflanzgemeinschaft

Hinten ranken die Gurken, vorne wächst Kohlrabi.

Kohlrabi kannst du in einer Anzuchtkiste auf dem Fensterbrett aussäen. Später pflanzt du die Jungpflanzen ein. Oder du kaufst sie in einer Gärtnerei oder auf dem Markt. Die Jungpflanzen dürfen nur bis zu den Keimblättern in die Erde gepflanzt werden, sonst bilden sie keine richtigen Knollen. Aus demselben Grund dürfen sie nie dursten und auch nicht zu eng stehen. In einem Balkonkasten haben 5-6 Pflanzen Platz. In großen Gefäßen kannst du hinten Gurken ranken lassen und vorn noch eine Reihe Kohlrabi pflanzen. Du kannst die ersten Kohlrabi nach etwa 2 Monaten ernten, wenn die Knollen eine Größe von 6 cm haben.

Schlechte Pflanznachbarn für Kohlrabi sind Zwiebeln, Knoblauch und Kohlpflanzen. Auch Schnecken mögen die jungen Setzlinge gerne. Du sammelst sie am besten einfach ab.

Kohlrabi verträgt sich mit: Tomate, Kartoffel, Bohne, Spinat, rote Beete, Porree, Salat, Erbse, Rettich, Möhre.

Kohlrabisalat

Schäle **1-2 Kohlrabi**, **2 Möhren** und **1 Apfel**. Raspele das Gemüse in eine Schüssel.
Für die Salatsoße verrührst du **250 g saure Sahne**, **1 Eßlöffel Zitronensaft** oder **Essig**, **¼ Teelöffel Salz** und **2 Eßlöffel gehackte Petersilie** oder **Dill**. Vermische die Soße mit dem Gemüse und streue **gehackte Haselnüsse** oder **Sonnenblumenkerne** darüber.

Gemüsedip

Eine Überraschung zum Abendessen.

Kohlrabi

Paprika

Rettich

Gurke

Möhre

Quarksoße

Wasche das Gemüse (ungefähr 1 kg) und schneide es in lange Streifen. Verrühre 250 g Quark mit 200 g saurer Sahne, 1 Teelöffel Zitronensaft, 2 Eßlöffeln kleingeschnittenen Kräutern und etwas Salz. Nun kann es losgehen. Fülle die Soße in eine Schale und tauche die Gemüsestreifen ein.
Dazu gibt es Brot oder Brötchen.

Tomaten

Ein herrliches Sommergemüse sind Tomaten. Die sonnengereiften Früchte schmecken viel besser als die im Treibhaus gezogenen. Es gibt viele Sorten von Tomaten: die kleinen Cocktailtomaten (Kirschtomaten), Buschtomaten, Flaschentomaten und die großen Fleischtomaten. Tomaten wachsen auf dem Balkon ebensogut wie im Garten. Pflücke Tomaten, sobald sie rot sind. Die anderen wachsen dann schneller nach. Am Ende der Tomatensaison kannst du auch die unreifen Tomaten abschneiden. Sie reifen auf einem sonnigen Fensterbrett nach. Tomaten schmecken herrlich auf einem Butterbrot mit Zwiebelringen, Salz, Pfeffer und frischem Basilikum.

Fleischtomate

Samen

Flaschentomate

Kirschtomaten

Buschtomate

Aus der Blüte entwickeln sich die Früchte.

Heiß zu frisch gekochten Nudeln essen.

Tomatensoße

Wasche 1 kg Tomaten und schneide sie in kleine Stücke. Schäle 1-2 Zwiebeln und schneide sie in kleine Würfel. Erhitze 2-3 Eßlöffel Olivenöl und schmore die Zwiebeln darin etwas an, gebe dann die Tomatenstücke dazu. Öfter umrühren. Würze mit 1 Teelöffel Salz und ½ Teelöffel Zucker. Lasse alles ungefähr 30 Minuten kochen. Inzwischen die Nudeln kochen. Dazu gibt es geriebenen Käse.

Fliegenpilze im Grünen

Koche **4 Eier** in 10 Minuten hart und pelle die Schale ab. Schneide vom breiten Ende der Eier die Spitze ab, damit die Eier stehen können. Wasche **2 Tomaten** und schneide sie in der Mitte durch. Höhle sie leicht aus und setze sie auf die Eier. Jetzt kannst du die Pilzköpfe noch mit **Mayonnaisetupfern** verzieren. Zum Schluß setzt du deine „Fliegenpilze" auf gewaschene **Salatblätter**.

Mozzarellabrötchen

Eine Brötchenhälfte mit 1 Teelöffel Olivenöl beträufeln. Abwechselnd mit Tomatenscheiben und in Scheiben geschnittenem Mozzarellakäse und 2-3 Basilikumblättern belegen. Mit Salz und Pfeffer würzen.

Diese Fliegenpilze sind eßbar.

Tomaten aus eigener Ernte

Tomaten kannst du aus Samen ziehen, oder du kaufst kleine Pflänzchen. Ab Mitte Mai werden sie in nahrhafte Erde an einen sonnigen und geschützten Ort gepflanzt. Sobald sie höher wachsen, brauchen sie eine Stütze, an der du sie locker anbindest. Entferne die Seitentriebe (Geiztriebe), die sich in den Blattwinkeln bilden. Denn sie schwächen das Wachstum deiner Pflanze und der Tomatenfrüchte. Tomaten müssen oft gegossen werden, aber möglichst nicht von oben. Schütze sie vor anhaltendem Regen, indem du eine Folie über die ganze Pflanze ziehst.

In einer Tüte sind so viele Samen, daß du sie mit Freunden teilen kannst.

Seitentrieb

Jungpflanze

Stelle die Pflanzen an einen sonnigen, geschützten Platz.

Geiztrieb

Worterklärungen

Im Garten:

AUSGEIZEN: Seitentriebe, die sich in den Blattwinkeln bilden, heißen auch Geiztriebe. Sie sollten entfernt werden. Die Pflanze wird dann kräftiger und bildet Früchte (zum Beispiel bei Tomaten, Gurken).

FOLGESAAT: Wiederholtes Aussäen einer Gemüseart nach dem ersten Aussaattermin. Dadurch kann man die Ernte bei schnellwachsendem Gemüse ausdehnen (zum Beispiel bei Radieschen, Erbsen, Salat).

FREILANDANBAU: Gemüse/Obst, welches nicht im Gewächshaus, sondern draußen bei Sonne und Regen reift.

PFLANZGEMEINSCHAFT: Pflanzen, die man nebeneinander pflanzen kann, ohne daß sie sich beim Wachsen behindern. Gute Pflanznachbarn unterstützen sogar das Wachstum und reagieren mit Geschmacksverbesserung der Früchte.

STÜTZEN: Pflanzen, die in die Höhe wachsen, brauchen eine Stütze, weil sie sich nicht selber halten können (zum Beispiel bei Erbsen, Bohnen, Tomaten, Gurken). Hierfür werden Bambusstäbe oder Stöcke dicht bei dem Stengel in die Erde gesteckt. Jeder Stengel braucht eine eigene Stütze. Pflanze und Stütze werden locker mit Bast oder Gartenschnur so zusammengebunden, daß der Knoten am Stab sitzt.

TRIEB: Ein junger Stengel, der sich aus einer Knospe entwickelt.

In der Küche:

ABKÜRZUNGEN: kg = Kilogramm, g = Gramm, l = Liter, ml = Milliliter, m = Meter, cm = Zentimeter

AUSROLLEN: Einen Teig auf einer sauberen Unterlage (zum Beispiel Backbrett) zu einer glatten Fläche mit Hilfe eines Nudelholzes ausrollen.

ABSCHMECKEN: Mit einem Probierlöffel probieren, ob das Gericht würzig genug ist. Eventuell mit Salz, Pfeffer, Gewürzen oder Kräutern nachwürzen.

DÄMPFEN/DÜNSTEN: Garen im eigenen Saft mit wenig Fett oder Flüssigkeit. Den Deckel schließen und die Hitze klein stellen.

ANSCHMOREN: In heißem Fett, in einem offenen Topf oder einer Pfanne von allen Seiten anbraten. Dann erst mit Flüssigkeit übergießen. Im geschlossenen Topf bei mittlerer Hitze garen.

GAREN: Etwas so lange kochen oder braten, bis es weich und eßbar ist.

QUELLEN LASSEN: Etwas in heißer Flüssigkeit ziehen und aufquellen lassen. Dafür die Hitze herunterschalten und nur noch wenig oder gar nicht weiterkochen lassen.

Viel Spaß bis zum Herbst!